Blunk ☞ Nachricht aus Barbarien

AF285938

Manfred Blunk

Nachricht aus Barbarien

Widerworte und linke Lieder

Zum Geleit

Terror
ist der
Krieg der
Armen
und
Krieg
ist der
Terror der
Reichen.

Frei nach Sir Peter Ustinov

Das
Krisengewitter am Börsenhimmel des faulen Finanzkapitals ist das Wetterleuchten einer neuen Sozialordnung der kranken Profitgesellschaft.

Oktober 2008

Das Kreditsystem, das seinen Mittelpunkt hat in den angeblichen Nationalbanken und den großen Geldverleihern und den Wucherern um sie herum, ist eine enorme Zentralisation und gibt dieser Parasitenklasse eine fabelhafte Macht, nicht nur die industriellen Kapitalisten periodisch zu dezimieren, sondern auf die gefährlichste Weise in die wirkliche Produktion einzugreifen – und diese Bande weiß nichts von der Produktion und hat nichts mit ihr zu tun.

Karl Marx, Kapital III, S. 502, Dietz Verlag Berlin 1951

„Kapital", sagt der Quarterly Riviewer, „flieht Tumult und Streit und ist ängstlicher Natur. Das ist sehr wahr, aber doch nicht die ganze Wahrheit. Das Kapital hat einen horror vor Abwesenheit von Profit, wie die Natur vor der Leere. Mit entsprechendem Profit wird Kapital kühn. Zehn Prozent sicher, und man kann es überall anwenden; 20 Prozent, es wird lebhaft; 50 Prozent, positiv waghalsig; für 100 Prozent stampft es alle menschlichen Gesetze unter seinen Fuß; 300 Prozent, und es existiert kein Verbrechen, das es nicht riskiert, selbst auf Gefahr des Galgens. Wenn Tumult und Streit Profit bringen, wird es sie beide encouragieren (ermutigen). Beweis: Schmuggel und Sklavenhandel." (P. J. Dunning, „Trades' Unions etc.", S. 36.)

Karl Marx, Kapital I, S. 801, Fußn. 250, Dietz Verlag Berlin 1951

Reichtum und Armut in Deutschland 2009

Milliardäre:	> 100
Millionäre:	> 700 000
Obdachlose:	> 800 000
Almosenempfänger (Tafel):	> 1 000 000
Arme (Prekariat):	> 10 000 000
Einwohner:	> 80 000 000

Sind wir auf dem Weg ...

Oktober 2009

Reichtum und Armut in der Welt 2009

Milliardäre:	> 700
Millionäre:	> 10 000 000
Analphabeten:	> 1 000 000 000
Hungernde:	> 1 000 000 000
Hungertote:	> 9 000 000
Gewaltverletzte:	> 64 000 000
Gewalttote:	> 1 000 000
Einwohner:	> 6 000 000 000

… in die Barbarei?

Oktober 2009

Lied der Partei

Sie hat uns alles gegeben.
Sonne und Wind und sie geizte nie.
Wo sie war, war das Leben.
Was wir sind, sind wir durch sie.
Sie hat uns niemals verlassen.
Fror auch die Welt, uns war warm.
Uns schützt die Mutter der Massen.
Uns trägt ihr mächtiger Arm.

Die Partei, die Partei, die hat immer Recht!
Und, Genossen, es bleibe dabei;
Denn wer kämpft für das Recht,
Der hat immer recht.
Gegen Lüge und Ausbeuterei.
Wer das Leben beleidigt,
Ist dumm oder schlecht.
Wer die Menschheit verteidigt,
Hat immer recht.
So, aus Leninschem Geist,
Wächst, von Stalin geschweißt,
Die Partei, die Partei, die Partei.

(Auszug)

Text und Musik: Louis Fürnberg, 1949

11

Die Partei – 2003

Sie hat uns alles versprochen,
Arbeit und Rente und Kitaplatz,
doch hat ihr Wort sie gebrochen:
alles ist jetzt für die Katz.
Sie hat ihr Kredo verlassen,
macht Reiche reich, Arme arm,
so stirbt die Mutter der Massen,
so bricht ihr mächtiger Arm.

Die Partei, *die* Partei hat nicht immer recht,
denn Genossen, es bleibt doch dabei:
Nur wer kämpft für die Massen,
hat immer recht,
gegen Lüge und Ausbeuterei.
Wer die Reichen beschenkt,
der ist dumm oder schlecht,
wer den Armen was nimmt,
der hat niemals recht.
Ohne Bebelschen Geist
stirbt zum Torso verwaist
die Partei, die Partei, *die* Partei.

November 2003

Der Teufel in Brandenburg

Joachim Walther, Schriftsteller in Brandenburg, hat jüngst im Deutschlandradio Kultur ein Politisches Feuilleton vorgelesen. Am 20.10.2009 verkündete er: „Ministerpräsident Platzeck und die Brandenburger SPD sind wild entschlossen, die SED-Nachfolgepartei an die Teilhabe der Macht zu hieven. Der Teufel, der sie dabei reitet, ist der bundesweite Stimmen-und Bedeutungsverlust der SPD, den die sozialdemokratischen Linken stoppen möchten durch ein Kuschelvorspiel und eine schlussendliche Vereinigung mit der postkommunistischen Linken.

Statt panisch die Flucht nach vorn anzutreten, sollten sich die Sozialdemokraten auf die inhaltlich wie historisch wohlbegründete Differenz zu den Kommunisten besinnen, haben sie doch ihre Erfahrungen mit denen gemacht: in der Weimarer Republik, bei der Zwangsvereinigung, den Verfolgungen danach, der Demontage Willy Brandts, um nur einiges zu nennen. Alles vergessen und vergeben?"

Na ja, das sind doch eher die Klassenkämpfe von gestern: wo gibt es denn heute Kommunisten mit Einfluss auf die deutsche Politik? Wohl kaum in der vereinigten Linken, die ist doch eine stinknormale sozialdemokratische Partei. Und genau das ist das Dilemma der alten, genauer: der veralteten SPD. Sie hat unter Schröder und Konsorten die CDU rechts überholt auf ihrem Weg von der Arbeiterpartei zum bürgerlichen Opportunistenverein; Hartz IV ist nur das markanteste Beispiel für die Umverteilung von unten nach oben unter Führung solcher „Genossen" wie Schröder und Clement.

Das ist es aber nicht, was Joachim Walther aufregt, ihn erbost was anderes: „Nach 15 Jahren Brandenburg Erfahrung habe ich den Eindruck, nirgendwo sonst in Deutschland geht es derart ideologisch zu, nirgendwo sonst ist die Stimmung so politisch polarisiert, nirgendwo sonst gefällt man sich so in Geschichtsvergessenheit und nostalgischer Rückwendung, nirgendwo sonst wird die Demokratie so massiv geschmäht und die gewonnene Freiheit verschmäht wie hier."

Der Wahlbrandenburger nimmt Platzeck übel, dass er nicht so ein Thüringer Matschie ist, der sich statt vom Wählerwillen lieber vom Heiligen Geist leiten lässt, was nicht nur die zahlreichen Wähler der Linkspartei, sondern auch viele Sozialdemokraten in Thüringen empört hat. Der vergnatzte Schriftsteller wird sich aber mit dem wachsenden Einfluss der Linkspartei abfinden müssen, oder er muss Brandenburg verlassen – aber wohin? Bei der letzten Bundestagswahl hat die Linke in allen Bundesländern mehr als fünf Prozent der Stimmen erhalten, sie ist also auch im Westen angekommen. Und wenn die SPD nicht sehr schnell die Kurve kriegt – und zwar die Linkskurve –, könnte sie bei der nächsten Bundestagswahl eine Fünfprozentpartei sein. Dann wäre eine Vereinigung der linken SPD-Reste mit der Linkspartei – wie Joachim Walther orakelt – durchaus möglich.

In nicht allzu ferner Zukunft, wenn sich der schwarzgelbe Segen über Deutschland ergossen haben wird, dürften die niederen Schichten unseres Volkes sehr froh darüber sein, dass es die Linkspartei gibt. Sie – Die Linke – wird alles dafür tun, dass die Armen und Schwachen unter uns von den Profiteuren des neudeutschen Turbokapitalismus nicht gar zu arg gebeutelt werden. In meinem Berliner Bezirk Lichtenberg regiert seit Jahr und Tag Die Linke mit der SPD und ich kann – Teufel auch! – mit der linken Koalition gut leben.

Oktober 2009

Anfrage an den Sender Jerewan:

Kann ein Soldat am Hindukusch mit einem Tapferkeitskreuz rechnen?

Antwort:

Im Prinzip ja, aber es könnte aus Holz sein!

Juni 2009

Das Lied von Berlin

Du brauchst ja nicht aus Berlin zu sein, aus Berlin zu sein,
wenn du Berliner bist.
Du brauchst ja nur auf dem Kien zu sein,
auf dem Kien zu sein,
wo Deutschlands Hauptstadt ist.
Sollst nicht dem Fremden Liebediener sein, Liebediener sein,
nicht seiner kalten Pracht!
Ein Deutscher muss auch Berliner sein,
ein Deutscher muss auch Berliner sein,
weil Berlin uns einig macht.

Wir singen fröhlich ein Wanderlied, ja ein Wanderlied,
wenn wir durch Wälder ziehn.
Wir singen heute ein ander Lied,
ja ein ander Lied,
wir singen von Berlin!
Wir bauen eine neue, eine schönre Stadt, eine schönre Stadt,
wird laut auch Hohn geschrien.
Noch lauter singt, so lang' sie Töne hat,
noch lauter singt, so lang' sie Töne hat,
die Jugend von Berlin.

Und hast du Töne, dann singe mit, ja dann singe mit,
so lang' dir Kraft verliehn.
Und kommst du heim, ja dann bringe mit,
ja dann bringe mit,
dies Lied hier von Berlin!
Es soll ein Lied von uns allen sein, von uns allen sein,
und böse Geister fliehn.
Horch, alle Deutschen, die fallen ein,
horch, alle Deutschen, die fallen ein,
unsre Hauptstadt, die heißt Berlin!

Worte: Gustav von Wangenheim
Musik: Ernst Hermann Meyer
1950

Berlin 1950, Deutschlandtreffen der Freien Deutschen Jugend für Frieden und Völkerfreundschaft, Kundgebung am sowjetischen Ehrenmal in Treptow.

Friedenslied 2003

Du brauchst ja nicht aus Berlin zu sein, aus Berlin zu sein,
wenn du Berliner bist.
Du brauchst ja bloß aufm Kien zu sein,
aufm Kien zu sein,
wo Deutschlands Hauptstadt ist.
Sollst nicht dem mars-man Liebediener sein, Liebediener sein,
nicht seiner bösen Macht.
Ein Deutscher muss auch Berliner sein,
ein Deutscher muss auch Berliner sein,
weil Berlin uns einig macht.

Du brauchst auch nicht für Saddam zu sein, für Saddam zu sein,
wenn du für Frieden bist;
der Schurke kann auch ein andrer sein,
auch ein andrer sein,
wenn er ein mars-man ist.
Sollst nicht der oil-gang ein Komplize sein, ein Komplize sein,
nicht ihrer Räuberlist.
Ein Deutscher muss auch für Frieden sein,
ein Deutscher muss auch für Frieden sein,
weil der Krieg ein Frevel ist.

Und soll der Friede von Dauer sein, ja von Dauer sein,
dann bau dein Friedenshaus;
da passt kein kriegsgeiler mars-man rein,
passt kein mars-man rein,
drum schmeiß den mars-man raus.
Wer Frieden will, muss für Frieden sein, muss für Frieden sein,
und nicht für Kriegsgewinn.
Die Welt kann nur ohne Krieg gedeihn,
die Welt kann nur ohne Krieg gedeihn,
Friede ist der Menschheit Sinn.

Januar 2003

Ossi, die NATO und der Frieden

Lutz Rathenow hat den Hörern von DeutschlandRadio Berlin am 26.4.99 in einem politischen Feuilleton erklärt, warum Ossi – und wohl mehr noch Ossine – „die Bombardierung Jugoslawiens als Druckmittel gegen Milosevic" deutlicher ablehnt als seine ehemaligen Brüder und Schwestern jenseits der Elbe. Das hätte, meint er, sichtbare und versteckte Gründe und sei eine Mischung aus Klugheit und Feigheit.

Als gelernter Ossi nennt Rathenow einige sicherlich zutreffende Gründe für den „Pazifismus um jeden Preis", zu dem „die Militarisierung in der DDR" geführt hätte. Dass viele Menschen damals die von der DDR-Führung permanent verkündete Friedenspolitik durchaus ernst nahmen, verschweigt er uns aber. Die Mehrheit des Staatsvolkes der DDR hat doch sowohl die Kriege der US Army gegen Korea und Vietnam als auch jene der Sowjetarmee gegen die CSSR und Afghanistan abgelehnt, wenn auch mit sehr unterschiedlichen Möglichkeiten des Protestes.

„Da verliert die Kriegs-Abneigung" – gemeint ist die in den neuen Bundesländern – „ihre Unschuld", wirft der NATO-Verfechter den Ossis vor und schlussfolgert: „In der Ex-DDR aber wäre es nötig, sich aus der bloßen Gefühligkeit ‚Nie wieder Krieg!' zu lösen und rational anzuerkennen, dass die NATO einen weitgehend uneigennützigen und humanitären Ansatz verfolgt." Weitgehend uneigennützig. Darüber lohnt es sich nachzudenken.

Natürlich wird jeder anständige Mensch die von den Serben an den Kosovo-Albanern verübten Gräueltaten verurteilen und fordern, dass die Vertriebenen in ihre Heimat zurückkehren und dort in Frieden leben können. Aber darf die NATO deshalb Jugoslawien „in die Steinzeit zurückbomben"? Sind da neben den „weitgehend uneigennützigen" auch eigennützige Absichten im Spiel? Sehn wir uns die NATO doch mal etwas genauer an.

Sie hat grade in den USA ihr fünfzigjähriges Jubiläum gefeiert, dort, wo sie kurz nach dem Zweiten Weltkrieg von den Amis gegründet wurde. Zu welchem Zweck? Die Vereinigten Staaten von Amerika waren – wie die Sowjetunion auch – aus dem Hitler-Krieg als Weltmacht hervorgegangen. Mit einem Militärbündnis wie der NATO ließe sich nicht nur Westeuropa beherrschen, sondern auch die Sowjetunion in Schach halten. Denn dass die Amis sich von Anfang an als Führungsmacht des westlichen Verteidigungsbündnisses verstanden, stand außer jedem Zweifel. Die NATO-Strategie war erfolgreich: Aus dem Kalten Krieg sind die USA als Supermacht hervorgegangen – und zwar als einzige. Die Sowjetunion ist in ihm untergegangen.

Welche Ziele verfolgen die USA mit ihrem Krieg gegen Jugoslawien? Ja, den Krieg führen die USA! Die NATO benötigen sie nur als Erfüllungsgehilfen und völkerrechtliches Mäntelchen. Das erklärte Ziel ist, Milosevic und seine mordbrennenden Serben zur Einhaltung der Menschenrechte zu zwingen; das klingt gut. Aber: Wer Menschenrechte verletzt, bestimmen wir! Haben die Amis Ankara bombardiert, weil die Türken die Kurden genau so zu Tode schinden, wie die Serben die Kosovo-Albaner? Oder London, weil seit Jahrzehnten in der nordirischen Kolonie der Engländer Mord und Totschlag herrschen? Oder Peking, weil die Chinesen Tibet annektiert haben? Oder …

Menschenrechte haben den wahren Machthabern der USA noch nie was bedeutet, sonst müsste es in Amiland wohl etwas anders aussehen. Die Geburtsurkunde der Vereinigten Staaten von Amerika ist mit Indianerblut getränkt. Gewalt ist das hervorstechende Merkmal der deformierten amerikanischen Profitgesellschaft; Gewalt im Innern und Gewalt nach außen. Die Supermacht lässt die Muskeln spielen, um vor allem den Russen zu zeigen, wer jetzt das Sagen hat in der Welt. Da ist er wieder: der Weltgendarm mit Militärstützpunkten rund um den Erdball. Praktisch erklären die USA so etwa die ganze Welt zu ihrer Interessensphäre.

Mit dem Krieg der Ami-NATO gegen Jugoslawien lässt sich auch die Europäische Union destabilisieren, denn die Regierungen der am Krieg beteiligten europäischen NATO-Staaten werden sich wachsenden Protesten ihrer Regierten ausgesetzt sehen, und für die rosagrünen Regenten in Deutschland könnte das bei der nächsten Wahl schon unangenehme Auswirkungen haben. Ich frage mich überhaupt, wie das gemeinsame Haus Europa funktionieren soll, wenn die Amis per NATO als militärischer Oberbefehlshaber darin sitzen.

Das stärkste Interesse an jedem nur möglichen Krieg hat natürlich der militärisch-industrielle Komplex. Jetzt kommen zu den Profiten des fast kalten Irak-Krieges noch die aus dem heißen Jugoslawien-Krieg dazu; an den Börsenkursen kann man ablesen, welche Extraprofite die Waffenproduzenten einstreichen werden. Mit dem Krieg auf kleiner Flamme wie im Irak soll die Welt an den permanenten US-Krieg gewöhnt werden. Auf die Weise (american way) sichern sich die US-Kriegsgewinnler den Maximalprofit. Ziemlich uneigennützig, das alles, oder?

Mai 1999

Beim G20-Gipfel wird beraten, wie die neue Finanz-Ordnung für die Welt aussehen kann.

Und beim NATO-Gipfel, wie sie dann durchgesetzt werden soll

Hand in Hand …

Ami, go home!

Was ist unser Leben wert,
wenn allein regiert das Schwert
und die ganze Welt zerfällt in toten Sand?
Aber das wird nicht geschehn,
denn wir wolln nicht untergehn.
Und so rufen wir durch unser deutsches Land:

Go home, Ami! Ami, go home!
Spalte für den Frieden dein Atom.
Sag: Good bye! dem Vater Rhein.
Rühr' nicht an sein Töchterlein –
Lorelei – solang du singst,
wird Deutschland sein!

Clay und Cloy aus USA
sind für die Etappe da:
„Solln die German boys verrecken in dem Sand."
Noch sind hier die Waffen kalt,
doch der Friede wird nicht alt,
hält nicht jeder schützend über ihn die Hand.

Go home, Ami … (wie 1. Strophe)

Ami, lern die Melodei
von der Jungfrau Lorelei,
die dort oben sitzt und kämmt ihr goldnes Haar.
Wer den Kamm ihr bricht entzwei,
bricht sich selbst das G'nick dabei.
Uralt ist das Märchen, traurig, aber wahr!

Go home, Ami, Ami go home,
laß in Ruh den deutschen Strom!
Denn für deinen „Way of life"
kriegst du uns ja doch nicht reif.
Gruß von Lorchen: „Bon plaisir",
der Kamm bleibt hier.

Ami, hör auf guten Rat,
bleib auf deinem Längengrad,
denn dein Marshall bringt uns zuviel Kriegsgefahr.
Auch der Frieden fordert Kampf.
Setz die Kessel unter Dampf.
Anker hoch! Das Schiff ahoi!
Der Kurs ist klar!

Go home, Ami ... (wie 1. Strophe)

Text: Ernst Busch
Musik: Hans Eisler
(nach einem amerikanischen Volkslied)

Ernst Busch 1980, an seinem 80. Geburtstag

Ami go home 2003

Ober-Ami Dabbelju
schlägt mit seinen Bomben zu,
haut Irak, der Menschheit Wiege, kurz und klein.
Doch das Friedensvolk der Welt
für den Frieden Wache hält,
darum stimmt in unser Friedenslied mit ein:

Go home, Ami, Ami go home,
nimm den Spitzel mit und den Spion.
Schick dein Militär nach Haus,
gib dein Geld für Bildung aus,
und du wirst der Welt als Freund
willkommen sein.

Ami, sieh es endlich ein,
du wirst nie der Welt-Chef sein,
denn die Völker wollen keinen Weltgendarm.
Löse auf den NATO-Pakt,
halte ein den UNO-Takt,
sonst gibt es in aller Welt sofort Alarm.

Halt ein, Ami, Ami halt ein,
Gleicher unter Gleichen sollst du sein.
Strebe nicht nach Weltherrschaft,
gib den Armen Mut und Kraft.
Dann wirst du der Größte
unter Gleichen sein.

23. März 2003

Obama – der Gorbi von heute?

April 2009

Len*in*

Stal*in*

?in

Dezember 2006

Anfrage an den Sender Jerewan:

Gibt es in Russland Demokraten?

Antwort:

Im Prinzip ja – aber nicht mehr lange!

Juli 2009

 АННА
ПОЛИТКОВСКАЯ
Убита
7 октября 2006 г.

ЦЕНТР
ЭКСТРЕМАЛЬНОЙ
ЖУРНАЛИСТИКИ
www.cjes.ru

REPORTER
OHNE GRENZEN
FÜR PRESSEFREIHEIT

Deutschland, Europa und die NATO

Die Deutschen (und natürlich auch die Österreicher), dem mystischen Demagogen Hitler in den dreißiger Jahren des vorigen Jahrhunderts fast völlig verfallen, haben den von ihrem paranoiden Führer angezettelten Raubkrieg (heute gehört uns Deutschland und morgen die ganze Welt) verloren. Die USA, vom Krieg völlig unberührt, und die Sowjetunion, im europäischen Teil eine einzige Kriegswunde, gingen aus dem Zweiten Weltkrieg als Supermächte hervor. Beide, USA wie UdSSR, versuchten unmittelbar nach Kriegsende ihren Einflussbereich auszubauen. Die Waffenbrüderschaft gegen Hitler war nur ein Bündnis auf Zeit. Das eigentliche Ziel der Mächtigen des Kapitals war die Beseitigung der Sowjetunion, denn sie war die bisher größte Bedrohung für die kapitalistische Welt.

Die US-Strategen hatten aber neben der Kommunistenhatz noch weitere Ziele. Zum einen wollten sie die Macht des britischen (eigentlich englischen) Empires eindämmen, ja vielleicht sogar die Engländer beerben, und zum anderen Westeuropa, vor allem Deutschland, kontrollieren. Ein „Verteidigungsbündnis" schien ihnen dafür das geeignete Mittel zu sein. Am 4. April 1949 unterzeichneten die USA, Kanada und zehn europäische Staaten in Washington den Nordatlantikvertrag (North Atlantic Treaty Organization-NATO). Stalins dümmliche Blockade Westberlins hatte den Ami-Strategen dafür einen guten Vorwand geliefert. Alt-Separatist Konrad Adenauer (lieber das halbe Deutschland ganz, als das ganze Deutschland halb) und seine braunen Überlebensträger brauchten sechs Jahre, um den Widerstand der deutschen Demokraten gegen Wiederaufrüstung und Restauration in der Bundesrepublik Deutschland zu brechen. Die BRD wurde 1955 Mitglied der NATO.

Das Roll-back der Amis war erfolgreicher als die Gegenwehr der Sowjets. Die Alt-Männer-Riege der SU war dumm genug, sich totrüsten zu lassen. So blieb nach dem Kalten Krieg nur eine Supermacht übrig: die USA. Ihre Strategen hatten alle ihre Ziele erreicht. Als Weltgendarm sind die US-Imperialisten seit langem gefürchtet; nach dem Zusammenbruch des sozialistischen Lagers gehen sie ganz ungeniert daran, die Welt ihren Profitinteressen unterzuordnen. Zu dem Zweck unterhalten sie Militärstützpunkte rund um den Erdball. Laut Pentagon sind von weltweit 165.000 US-Soldaten 120.000 in Europa stationiert, davon 71.000 in Deutschland. Die US-Boys haben nicht nur die deutschen und andere Frauleins beglückt, sondern in über hundert Kriegen und Militäreinsätzen nach 1945 der Welt auch vor Augen geführt, was sie unter amerikanischer Lebensweise zu verstehen hat. Zu den offenen militärischen Überfällen kommen noch unzählige verdeckte Aktionen, wie etwa der Putsch gegen Allende in Chile. Dieser Hegemonialanspruch wird aber zunehmend – selbst von NATO-Freunden – als unverfrorene Anmaßung empfunden.

Sind die Europäer der selbst ernannten Ordnungsmacht noch überwiegend willig in den Krieg gegen das von den Serben dominierte Jugoslawien gefolgt, scheiden sich bei der Fortsetzung des fast kalten Krieges der Ami-Führung gegen den Irak die Geister. Plötzlich geht nicht nur durch die NATO, sondern auch durch die Europäische Union ein Riss. Doch das stört die Bush-Clique nicht, im Gegenteil. Selten wurde vermeintliche oder wirkliche Macht so zynisch zur Schau gestellt, wie wir es jetzt von der Texas-Gang erleben. Während sich die UNO immer noch um eine friedliche Lösung des Irak-Problems bemüht, ist der Krieg in Washington längst gebongt. Noch in diesem Monat wird der Irak in Flammen stehen. Doch das wird Folgen haben.

Die grade erst wieder erwachte Weltfriedensbewegung wird mächtig auf die Pauke hauen, und die eine oder andere Vasallen-Regierung könnte schneller ins Gras beißen, als der geplante Ami-Blitzkrieg gewonnen sein wird. Die Welt wird von einer bisher nicht gekannten Terrorwelle überrollt werden. Das UNO-Hauptquartier kann sich schon immer mal nach einem anderen Tagungsort umsehen. Frankreich und Deutschland werden aus der NATO austreten müssen, wenn sie ihre Glaubwürdigkeit nicht verlieren wollen. Das dürfte dann das längst überfällige Ende des Nordatlantikpaktes einleiten. Die EU muss ganz von vorne anfangen. Russland und China werden sich mit der neuen Europäischen Union verbünden, in der es Ami-Schoßhunde nicht mehr geben wird. Und die USA? Die werden in ihrer Großmannssucht noch einige Dutzend Kriege führen, um dann irgendwann – wie weiland die Deutschen – nach fünfzig Jahren Besatzung erkennen zu müssen, dass der Preis, den man für die Weltherrschaft zahlen muss, zu hoch ist.

9. März 2003

Nordatlantikvertrag
Washington, 4. April 1949

Art. 1

Die Parteien verpflichten sich, in Übereinstimmung mit der Satzung der Vereinten Nationen jeden internationalen Streitfall, an dem sie beteiligt sind, auf friedlichem Wege so zu regeln, daß der internationale Friede, die Sicherheit und die Gerechtigkeit nicht gefährdet werden, und sich in ihren internationalen Beziehungen jeder Gewaltandrohung oder Gewaltanwendung zu enthalten, die mit den Zielen der Vereinten Nationen nicht vereinbar ist.

Dichtung ...

... und Wahrheit

Juni 2009

Ossi, Nazi und das rechte Auge

Ein Gespenst geht um im neudeutschen Osten – nein, nicht das Gespenst des Kommunismus, auch nicht das des Sozialismus: das Gespenst des Nationalsozialismus! Denn was in den Medien verschämt „Fremdenhass" und „Ausländerfeindlichkeit" genannt wird, ist in Wirklichkeit stinknormaler Naziterror. Und nachdem sich das „Heldenvolk" der DDR vor zehn Jahren selbst heim ins Reich geholt hat, feiert der Nazispuk nunmehr auch in den neuen Bundesländern fröhliche Urständ. Aber was im Westen seit Jahrzehnten eher linke Leute als die Staatsmacht auf den Plan ruft, macht als Ostereignis plötzlich Schlagzeilen. Da rauscht es nicht nur im deutschen Blätterwald, da wallen auch die Kommentare aus den Lautsprechern.

Heinrich August Winkler fragt am 14. August 2000 im DeutschlandRadio Berlin in seinem politischen Feuilleton: „SIND WIR AUF DEM RECHTEN AUGE BLIND?" – Da wäre zunächst mal zu klären, wen er mit „WIR" meint. Vielleicht meint er den Vatikan, der etlichen „Eichmännern" half, in Südamerika unterzutauchen. Oder den katholischen Kanzler Konrad Adenauer, der den Schreibtischmörder Globke – Koautor der Nürnberger Gesetze, die „Rechtsgrundlage" für die Judenvernichtung waren – als Staatssekretär in seine Regierung holte. Vielleicht meint er aber auch die braune Justiz der alten Bundesrepublik, die viele Prozesse gegen Naziverbrecher so lange verschleppt hat, bis entweder die Verbrechen verjährt oder die Verbrecher nicht mehr vernehmungsfähig waren. Oder sollte er am Ende gar die nationalsozialistischen Überlebensträger meinen, die mit ihrem in ganz Europa zusammengeraubten Vermögen erst in der bundesdeutschen Hautevolee unter- und dann sehr erfolgreich wieder aufgetaucht sind? – Nichts von alledem.

Heinrich August Winkler meint uns Heutige und vor allem uns Ossis. Wir hören und staunen: „Gewalt gegen Ausländer ist ein gesamtdeutsches Phänomen. Doch es gibt einen Unterschied: Im Westen wird diese Gewalt geächtet, im Osten ist sie gesellschaftsfähig." Und er sagt uns auch, warum das so ist: „Die Hinterlassenschaft von vier Jahrzehnten SED-Herrschaft in den Köpfen vieler Ostdeutschen darf nicht länger schöngeredet oder schöngeschrieben werden. Sie hat sich längst zu einem gesamtdeutschen Skandal ausgeweitet." Nun war ja der Antifaschismus nicht grade Mangelware in der DDR. Schließlich haben viele der SED-Genossen ihr Leben in Spanien gegen die Franco-Faschisten in die Schanze geschlagen oder wegen ihres Widerstands gegen die Nazi-Diktatur im KZ gesessen. Es gab auch keine Nazirichter in der DDR und keine Nazilehrer, nicht den SS-Verein HIAG und nicht die Wiking-Jugend; und natürlich auch keine braune Literatur. Man kann der „SED-Herrschaft" sicherlich manches vorwerfen, aber sie für den Naziterror in den neuen Bundesländern verantwortlich zu machen, das ist Geschichtsklitterung übelster Art.

Im Gegensatz zur BRD spielte der Nazismus in der DDR so gut wie keine Rolle. In den achtziger Jahren trieben zwar einige hundert Skinheads und Neonazis in der DDR ihr Unwesen, doch hatten sie nicht im Entferntesten solche Entfaltungsmöglichkeiten wie ihre Kumpane im Westen. Nach dem Mauerfall änderte sich das schnell. Nicht nur Gauner, Spitzbuben und Halsabschneider aller Couleur fielen wie die Heuschrecken in den Osten ein, auch Alt-und Neunazis hielten ihre Stunde für gekommen. Vor allem sie haben den heutigen Naziterror im Osten zu verantworten. Bereits 1993 hatten die Westparteien NPD, Republikaner und DVU in den Ostländern flächendeckende Strukturen und einen entsprechenden organisatorischen Apparat aufgebaut. Das weiß Heinrich August Winkler natürlich, aber er sagt es nicht. Hat das was mit dem rechten Auge zu tun?

„Die Rassisten dieses Landes, die auftreten und sich gebärden, als wären sie Helden und Übermenschen, sind jedoch in ihrem tiefsten Kern genauso feige wie ihre braunen Vorgänger", schreibt Heleno Saña 1990 in seinem Buch „DAS VIERTE REICH". Und weiter: „So, wie es im Dritten Reich leichter war, die Juden zu massakrieren, als gegen die deutschen Großkonzerne zu kämpfen, genauso ist es heute leichter, gegen die Gastarbeiter und politischen Flüchtlinge zu hetzen, als den Machtgruppen, die diese Republik regieren und beherrschen, Paroli zu bieten." Und diese Haltung reicht sehr viel weiter zurück als bis zur SED. Schon bei Heinrich Heine („Die romantische Schule") lesen wir: „Der Patriotismus des Deutschen besteht darin, dass sein Herz enger wird, dass es sich zusammenzieht wie Leder in der Kälte, dass er nicht mehr Weltbürger, nicht mehr Europäer, sondern nur ein enger Deutscher sein will."

So was ficht Heinrich August Winkler nicht an. Ihn bewegt was anderes: „Das wiedervereinigte Deutschland ist auch zehn Jahre nach der Wiedererlangung der staatlichen Einheit ein Land mit einer gespaltenen politischen Kultur. Die PDS als ostdeutsche Regionalpartei ist nur ein Ausdruck dieser Tatsache. Ein anderer Ausdruck ist" nicht etwa die süddeutsche Regionalpartei CSU, sondern „das deutliche Ost-West-Gefälle bei ausländerfeindlichen Straftaten." Das ist natürlich schlimm: Dort, wo die PDS sich für die Belange der kleinen Leute abstrampelt und dafür mindestens dreißig Prozent der Wählerstimmen erhält, ist der Naziterror heftiger als im Neonazi-Stammland. Liegt das an der PDS? – Übrigens werden die Naziparteien im Westen frohlocken: Heinrich August Winkler nennt NPD, REP und DVU in seinem Anderthalb-Seiten-Beitrag nicht ein einziges Mal beim Namen. – Heinrich! Mir graut's vor dir.

August 2000

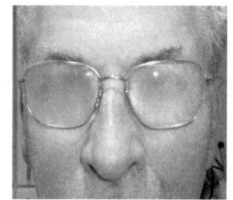

„Die Freiheit, die ich meine" – welche meint er denn?

Erik von Grawert-May räsoniert am 03.01.2005 in einem politischen Feuilleton des Rundfunksenders Deutschland-Radio Berlin über die Freiheit – aber eigentlich will er uns wohl sagen, was er von der Außenpolitik des Kanzlers hält. „Wer sonntags das DeutschlandRadio Berlin einschaltet", lässt von Grawert-May uns wissen, „wird in schöner Regelmäßigkeit pünktlich um 11 Uhr 58 Zeuge folgender feierlich gesprochener Sätze: *Ich glaube an die Unantastbarkeit und an die Würde jedes einzelnen Menschen. Ich glaube, dass allen Menschen von Gott das gleiche Recht auf Freiheit gegeben wurde. Ich verspreche, jedem Angriff auf die Freiheit und der Tyrannei Widerstand zu leisten, wo auch immer sie auftreten mögen.* Währenddessen vernimmt der Hörer das Geläut der Freiheitsglocke, das um Punkt Zwölf wieder verstummt. Die Glockentöne klingen, als kämen sie aus einer anderen Welt."

Genau so ist es. Die Bimmel, die uns jeden Sonntag nervt, ist ein Ami-Geschenk und hängt im Turm des Schöneberger Rathauses. Für die Verbreitung der Bimmelei war der RIAS zuständig. RIAS heißt Rundfunk im amerikanischen Sektor. Als es – immer erhofft, aber dann doch ganz unerwartet – in Berlin keine Sektoren mehr gab, mauserte sich der RIAS zum heutigen DeutschlandRadio Berlin. Die Ami-Bimmel trägt auch eine Inschrift, sie lautet auf Deutsch: Möge diese Welt mit Gottes Hilfe eine Wiedergeburt der Freiheit erleben. Unter Freiheit versteht der Kapitalist aber vor allem, in aller Welt möglichst hohe Profite einstreichen zu können. Das ist den Amis nach dem gewonnenen Kalten Krieg ganz ordentlich gelungen. Und wenn es – wie im Irak – nicht auf die „Freundschafts-Tour" klappen will mit dem Profiteinstreichen, dann wird das Land eben kurzerhand besetzt.

Nun sieht es aber besser aus, wenn Raubkriege auf Beschluss der UNO, im Auftrag der NATO oder wenigstens mit ein paar Vasallen an der Seite geführt werden. Doch der

Kanzler weigerte sich, deutsche Soldaten für die Profit-interessen der US-Imperialisten im Irak sterben zu lassen. Das nimmt ihm nicht nur die Adenauerfraktion, sondern auch Erik von Grawert-May übel, denn er fordert: „Man lege eine Standleitung vom Rathaus Schöneberg ins Kanzleramt, damit der Hausherr wenigstens einmal pro Woche hört, was die Freiheitsglocke geschlagen hat." Dabei ist die Emanzipation Deutschlands von der US-Vorherrschaft nicht nur die logische Fortsetzung der „neuen Ostpolitik" der SPD, sondern auch die größte strategische Leistung aller deutschen Kanzler vor und nach Willy Brandt.

Doch zurück zur Bimmel und den „feierlich" gesprochenen Sätzen. Was soll zum Beispiel ein in Deutschland lebender Vietnamese denken, wenn Sonntagmittag die „feierlichen" Sätze: Ich glaube usw. usw. aus dem Deutschland-Radio Berlin über ihn herfallen wie weiland die GIs über seine Heimat? Spätestens nach dem Völkermord der Amis in Vietnam durfte doch dieser antiquierte Ami-Quark keinem anständigen Menschen mehr über die Lippen kommen. Oder sollten wir Deutschen, nach allem, was wir so verbrochen haben in der Welt, weiterhin singen: Deutschland, Deutschland über alles?

Sicherlich waren die „feierlichen" Sätze früher einmal gut und richtig, genauso wie Hoffmanns Deutschland-Verse gegen die deutsche Kleinstaaterei. Aber so, wie die Geschichte verlaufen ist, sind die Texte widersinnig geworden. Und der Feuilleton-Autor hat das schon irgendwie begriffen, wenn er sagt: „Wir verstehen den Text nicht mehr, und die Glockentöne dringen nicht mehr in unser Herz. Politisch gesehen, sind wir in ein anderes Zeitalter eingetreten." Da hat er wohl recht.

Januar 2005

Wenn *alle* Kriegsverbrechen nach dem Zweiten Weltkrieg genauso geahndet worden wären wie in Nürnberg die der Nazis, dann säße heute manch siegreicher Staatsmann hinter Schloss und Riegel. Leider ist das kriegsvorbeugende Verfahren bisher nur an einigen *besiegten* Staatsmännern ausprobiert worden.

Juni 2009

Die CDU ist nicht per du

(Original: Der Theodor im Fußballtor
Melodie: Werner Bochmann
Text: Kurt Feltz)

Die CDU, die CDU
ist mit der SPD per du,
wie der DAX auch steht,
wie der Kurs auch fällt,
die Merkelei, die hält.

Die Geldanleger werden wach,
die Arbeitslosen schlagen Krach,
wie der DAX auch steht,
wie der Kurs auch fällt,
die Merkelei, die hält.

Doch bläst die Linke
zum Gegenangriff,
dann kommt das Ende
der Merkelei, Merkelei, Merkelei, Merkelei.

Die CDU, die CDU
ist dann mit keinem mehr per du,
wie der DAX auch steht,
wie der Kurs auch steigt,
die Merkel hat vergeigt, vergeigt,
sie hat vergeigt, vergeigt,
sie hat vergeigt.

Oktober 2005

Rette sich wer kann!

Juli 2009

zipperts wochenschau: Links-TV

Die wachsende Popularität der Linkspartei wird auch für den Fernsehzuschauer nicht ohne Folgen bleiben. Zunächst mal muss er sich an den Anblick von DKP-Funktionären gewöhnen, die direkt aus dem Wachsfigurenkabinett in die Politik gewechselt sind. Doch mit der Zeit werden diese merkwürdigen prähistorischen Gestalten immer mehr Einfluss gewinnen und als Erstes das Privatfernsehen verbieten, was von vielen Menschen sogar als wohltuend empfunden werden wird. Doch auch die 3. Programme werden eingestellt, sodass wir dann nur noch auf zwei Staatsfernsehkanäle zurückgreifen können. Dazu kommen JuPiKa, der Junge Pionier Kanal für die Kinder, und Arte, das aber jetzt mit kyrillischen Buchstaben geschrieben wird und ein deutsch-russisches Fernsehprogramm ist. 3sat wird ebenfalls beibehalten und bringt interessante Produktionen des nordkoreanischen und kubanischen Fernsehens, teilweise sogar vietnamesisch untertitelt. Störende Werbeeinblendungen werden mehr und mehr verschwinden, die beiden Automarken, die in Deutschland zum Kauf bereitstehen, sind derartig knapp, dass man sie nicht extra bewerben muss. Für die westdeutschen Zuschauer werden wichtige Ratgebersendungen angeboten, beispielsweise „Schlangestehen leicht gemacht", „Überleben ohne Südfrüchte" oder „Broilerköche bei Kerner". Der verdiente Genosse Tim Mälzer überrascht uns mit „Zum Schmecken gibt's nichts". Auf die „Sportschau" brauchen wir glücklicherweise nicht zu verzichten, dort sehen wir jede Woche die packenden Schlagerspiele zwischen Dynamo Bremen, Lokomotive Schalke und Roter Stern München. Als einziger Privatkanal erhält übrigens RTL 2 doch noch eine Sendeerlaubnis, dort gibt es ausschließlich und rund um die Uhr „Big Brother"-Übertragungen aus der Überwachungszentrale der Stasi.

Hans Zippert, FUNKUHR 12/2008

Ergreifend – Zipperts Links-TV-Vision. Doch was käme da noch alles auf uns zu? Wir sähen nicht nur DKP-Funktionäre im Staats-TV, sondern auch die drei Buchstaben VEB (Volkseigener Betrieb) an Konzerntoren und Bankhäusern. Bosse, Ackermänner und Spekulanten würden Hals über Kopf ihrem Geld folgen und nach Liechtenstein entfleuchen, Nutten, Zuhälter und Mafiosi klammheimlich verduften. Zurückgelassenes Eigentum würde verstaatlicht werden. Arbeitslosigkeit gäbe es nach Einführung der allgemeinen Arbeitspflicht und radikaler Arbeitszeitverkürzung nicht mehr; selbst Obdachlose müssten arbeiten und könnten dann eine Leerstands-Wohnung mieten.

Weitere Unverschämtheiten der Linken: Kindergelderhöhung auf 3000 Euro pro Kind, Krippenzwang mit kollektivem Abkacken, bundesweite Ganztagsschule, subventionierte Schulspeisung, Lohn-und Rentenerhöhungen, subventionierte Preise für Waren und Leistungen des Grundbedarfs, Mietpreissenkung, Verstaatlichung der Medienkonzerne und, und, und … Am Ende gäbe es vielleicht weder Funkuhr noch Zipperts Wochenschau (!). Kann das jemand wollen?

März 2008

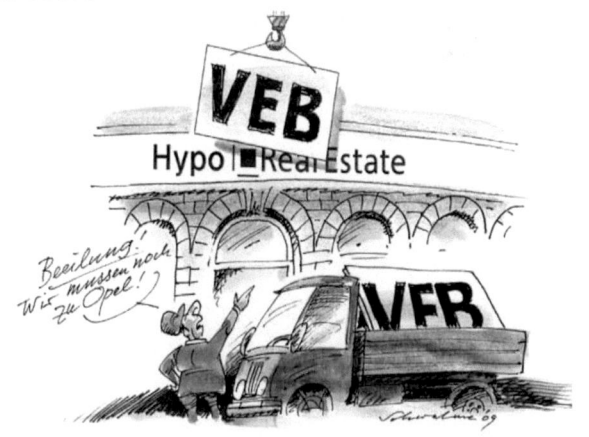

Gott weiß alles.

Google weiß mehr!

April 2006

Religionen sind die

Eierschalen der

Menschwerdung

Oktober 2004

Das Kreuz mit dem Kreuz
oder
Humanistische Aufklärung statt Religionspropaganda

Deutschlandradio Kultur – vorher Berlin, davor RIAS (West) und DS (Deutschlandsender) Kultur (Ost) – hat sich ordentlich gemausert: Empfang deutschlandweit und – werbefrei. Während des Kalten Krieges erreichte der RIAS Berlin und etwas DDR um Berlin herum, ein bayrischer Ableger München. Der Deutschlandsender, zwischendurch zusammen mit der Berliner Welle in Stimme der DDR umbenannt, sollte als Gegenstück zum Deutschlandfunk in Köln – heute auch unter dem Dach des Deutschlandradios – Schwestern und Brüdern in der BRD den DDR-Sozialismus schmackhaft machen. Das ist, wie bekannt, damals nicht so recht gelungen.

Wenn ich mich nicht irre, spielten früher beim Deutschlandsender und auch beim RIAS religiöse Sendungen kaum eine Rolle. Heute dagegen hört man im Deutschlandradio Kultur alle naselang irgendeine Kirchenfürsten-Befragung, irgendwelche Religionsnachrichten oder gar „Gottes Wort". Ahnungslose Zeitgenossen könnten bei solcherart Religionspropaganda meinen, ganz Deutschland hätte tagein tagaus nichts anderes im Sinn, als in irgendeine Kirche zu rennen. Doch ist das die heutige deutsche Wirklichkeit?

Nach Erhebungen der Forschungsgruppe Weltanschauungen in Deutschland (fowid) im November 2006 ergab sich für die Religionszugehörigkeit in der BRD folgendes Bild:

Religionsfrei	32,5 %
Römisch-katholisch	31,0 %
Evangelisch	30,8 %
Sonstige	5,7 %.

Während Katholiken und Evangelen in den Rundfunkräten Sitz und Stimme haben, ist die große Gruppe der Religionsfreien dort nicht vertreten. Diese Nichtvertretung findet auch immer mehr im Politischen Feuilleton von Deutschlandradio Kultur seinen Niederschlag. Namen wie Oskar Lafontaine, Gregor Gysi, Friedrich Schorlemmer, Michael Schmidt-Salomon, Horst Herrmann oder Karlheinz Deschner sind dort nur noch selten oder nie zu finden.

Jüngstes Beispiel für diese Entwicklung ist das Feuilleton vom 24.12.2007. „Copyright für christliche Symbole!", fordert Astrid von Friesen. „Warum feiern Un-Gläubige nicht einfach ihre eigenen Feste?", fragt sie empört. Da wäre zunächst zu klären, was denn „Un-Gläubige" sind. Nach christlichem – oder, allgemeiner, religiösem – Verständnis sind Ungläubige jene Menschen, die nicht an einen der vielen Götter (Katholiken-, Evangelen-, Juden-, Muslimen-Gott usw.) glauben; korrekt handelt es sich aber um Nicht-Gottgläubige. Ihre Zahl wird in Deutschland ständig größer und könnte in zwanzig Jahren mehr als die Hälfte der Bevölkerung ausmachen. Und unsere „eigenen Feste" würden wir immer noch feiern, wenn die, überwiegend aggressiv, missionierenden Christen unseren heidnischen Vorfahren nicht ihren Christuskult nebst zugehöriger Feiertage aufgezwungen hätten.

Auch das wunderschöne, selbst jedem nicht gottgläubigen Humanisten zu Herzen gehende Christenlied „Stille Nacht, heilige Nacht" gönnt die engherzige Christin den „Ungläubigen" nicht. Da sind wir Humanisten großzügiger: Von mir aus könnte Astrid von Friesen die „Internationale", „Brüder zur Sonne zur Freiheit" oder alle anderen Arbeiter- und Kampflieder jeden Tag dreimal singen, da hätte ich überhaupt nichts dagegen.

Der „aufgeweichte" Sonntag liegt nicht nur den Kirchenoberen, sondern auch AvF am Herzen. Glaubt sie doch besagter Sonntag wäre den Menschen vor über 3500 Jahren „in den Zehn Geboten sozusagen von Gott" geschenkt worden. „Sozusagen." Ganz sicher ist sie sich nicht; na ja, ist ja auch schon 'ne Weile her. Der Sonntag – also, das ist eine lange Geschichte. Schließlich haben die Sozis der Weimarer Republik 1919 im Artikel 139 der Weimarer Reichsverfassung folgendes festgelegt: „Der Sonntag und die staatlich anerkannten Feiertage bleiben als Tage der Arbeitsruhe und der seelischen Erhebung gesetzlich geschützt." Und dieser herzerwärmende Seelentröster wurde unverändert in Artikel 140 des Bonner Grundgesetzes von 1949 übernommen. Also ich kann mit dem „Erhebungs-Sonntag" gut leben. Der Sonntag ist meistens mein Schlampertag. Ob sich aber die Forderung der Kirchenmänner nach Sonntagsruhe auf Dauer gegen die Profitgier der Ackermänner durchsetzen wird, wage ich zu bezweifeln.

„Und wie wäre es", fragt Frau von Friesen schließlich, „wenn Engel, Weihnachtsbäume und jede Wiederholung von ‚Stille Nacht, heilige Nacht' mit einem Copyright belegt wäre, die Verwendung also – wie bei jedem Musik-Hit – bezahlt werden müsste ..." Ich denke, das wäre gut, wenn auch nicht für die Kirchen, denn beim Geld hört ja bekanntlich die Freundschaft auf. Ein Christen-Copyright würde die Austrocknung der Kirchen vermutlich beschleunigen. Ich mache mir nichts aus Weihnachtsengeln und Weihnachtsbäumen, auch von den Weihnachtsliedern gefallen mir nur wenige. Auf Weihnachtsgeschenke kann ich gut und gerne verzichten. Dennoch wünsche ich mir von Deutschlandradio Kultur Aufklärung statt Religionspropaganda, und zwar ganzjährig – nicht nur zu Weihnachten.

Dezember 2007

Anfrage an den Sender Jerewan:

Gibt es in Deutschland Religionsfreiheit?

Antwort:

Im Prinzip ja, aber einige Landstriche sind immer noch nicht religionsfrei.

Juni 2009

Ein Pfaff bleibt ein Pfaff, und wenn er gleich Papst wär.

Februar 2009

Es gibt
Heil,
Unheil
und
Heilige.
Es gibt
Stühle,
Stuhlgang
und den
Heiligen
Stuhl.
Heiligen
Stuhlgang
gibt es nicht.

Februar 2009

Gott
ist eine
Krücke
jener, die nicht an den

Menschen

glauben.

Mai 2009

Mir reicht's! Ich mach den Zirkus nicht mehr mit!

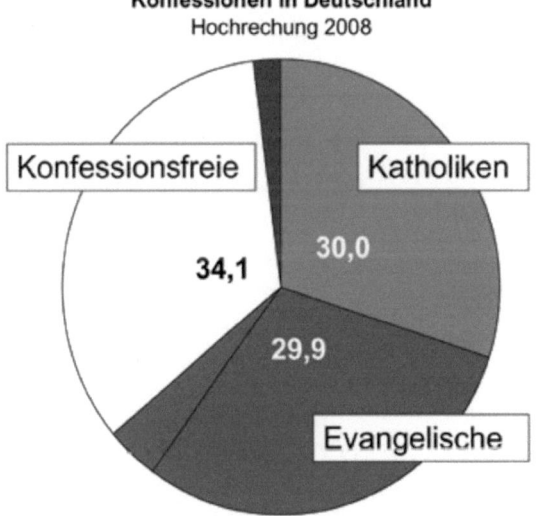

Und Gott sprach: Es werde Licht!
Und es ward Licht.
Und Gott sah, dass das Licht gut war.

1. Buch Mose, 1.Kap., 3/4

Hätte ein allwissender GOTT nicht vorher
gewusst, dass das Licht gut ist?

Dezember 2004

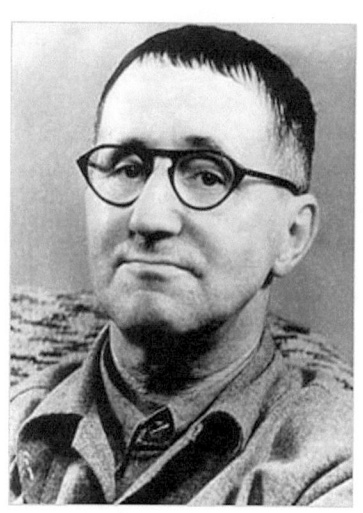

Wo der Glaube tausend Jahre gesessen hat,
eben da sitzt heute der Zweifel.

Brecht, Galilei, 1

manfred.blunk@telecolumbus.net